AF561605

MÉMOIRE

SUR L'ESCLAVAGE COLONIAL,

LA NÉCESSITÉ DES COLONIES

ET

L'ABOLITION DE LA TRAITE DES NÈGRES.

PAR M. L'ABBÉ HENRI DILLON.

.... Gens nimiùm ferox ut sit libera.

J. CÆSAR.

.... Nation trop féroce, pour pouvoir être libre.

J. CÉSAR.

A PARIS,

Chez J.-J. BLAISE, Libraire, quai des Augustins, nº. 61, près le Pont-Neuf.

Et chez les Marchands de nouveautés.

1814.

Ce Mémoire a été composé au commencement du gouvernement de Buonaparte, après la paix d'Amiens, à l'occasion de quelques discussions qui eurent lieu dans le tribunat, sur la liberté des noirs, que l'on voulait accorder aux cultivateurs de Saint-Domingue et de la Guadeloupe. L'impression en fut arrêtée par l'autorité supérieure; et depuis cette époque le système et les circonstances ayant changé, il n'a point paru utile de le rendre public. Aujourd'hui que l'Angleterre poursuit avec chaleur l'exécution d'une mesure qui entraîne la destruction des Colonies, et par suite celle de la puissance maritime de la France, ce Mémoire peut éclairer l'opinion publique sur une matière d'un aussi grand intérêt, et ce motif a déterminé l'auteur à le livrer à l'impression.

MÉMOIRE
SUR L'ESCLAVAGE COLONIAL,
LA NÉCESSITÉ DES COLONIES
ET
L'ABOLITION DE LA TRAITE DES NÈGRES.

UNE réunion de circonstances tout à-la-fois extraordinaires et heureuses, a arraché aux dévastations révolutionnaires l'une des plus puissantes colonies de la France. La mère-patrie et ses plus belles possessions gémissaient sous le poids de tous les maux qui peuvent affliger l'espèce humaine, pendant que la Martinique prospérait sous l'égide d'un gouvernement protecteur et régulier.

N'ayons point la faiblesse de le déguiser, c'est par la confiante sécurité, que la marine anglaise a inspirée aux propriétaires colons de cette île, qu'ils ont maintenu leur régime primitif; et c'est par le maintien de ce régime conservateur et paternel que, la Colonie traversant, sans trouble et sans secousse, les dernières époques de l'orage révolutionnaire, se présente aujourd'hui (1802) à la métropole avec tout l'éclat et toute la force de la plus belle et de la plus riche propriété des Antilles.

Pendant la guerre affreuse qui a dévasté l'Europe, dans la plus grande chaleur d'une révolution, qui a changé jusqu'au sol de la France, les habitans de la

Martinique, tranquilles dans leurs foyers, paisibles possesseurs de l'héritage de leurs pères, se livraient avec confiance à l'exploitation et à l'amélioration de leurs propriétés; persuadés qu'un jour le gouvernement français, quel qu'il fût, leur saurait gré du zèle qu'ils avaient mis à conserver cette partie de l'empire dans l'état de splendeur où elle est aujourd'hui. Un espoir si juste et si naturel serait-il donc trompé? et l'olivier de la paix, que la France présente à l'Europe, deviendrait-il, pour la Martinique seule, le flambeau de la guerre.

Non, nous ne pouvons le croire, le gouvernement français ne veut pas ranimer dans ces malheureuses contrées les fureurs de la destruction. Eloigne de nous un aussi terrible fléau, le Dieu de toute justice, et puisse la paix conserver ce que la guerre et les révolutions ont épargné! Loin de nous tout sentiment de regret sur le bienfait dont le gouvernement français vient de couronner ses triomphes militaires! On ne peut que bénir la main qui, enchaînant le démon de la guerre, a donné le repos à l'Univers fatigué. Mais après avoir rempli envers l'humanité ce devoir sacré, un retour sur nous-mêmes ne nous serait-il donc pas permis?

Disons la vérité toute entière. Les habitans de la Martinique n'ont pu voir, sans un sentiment juste et naturel d'inquiétude, le changement prochain de leur situation politique. Ils quittent la protection d'une puissance contemporaine de la civilisation Européenne, pour entrer dans la masse des difficultés d'une république naissante. Ils abandonnent une autorité stable, pour un gouvernement dont l'existence tient à un individu, pour un gouvernement composé de factions enchaînées, d'élémens incohérens, d'administrateurs encore imbus du fanatisme révolutionnaire ; et dont les principes nécessairement vagues et oscillateurs, jettent dans le cœur des propriétaires le ver rongeur le plus fatal aux propriétés, celui d'une inquiète incertitude.

La république a elle-même reconnu la justice de ces sentimens, et elle s'est hâtée de faire succéder à ces premiers mouvemens de terreur, des motifs puissans de calme et de tranquillité. Des promesses émanées des premières sources de l'autorité, des assurances particulières, et, plus que tout cela, le véritable intérêt de la métropole à la fin reconnu, sont venus de toute part relever les courages abattus, et rendre aux habitans de la Martinique cette confiance et cette sécurité que le propriétaire abandonne si difficilement, et qu'il est toujours si facile de faire renaître dans son cœur. Mais combien ils ont été courts ces momens de calme! et qu'il a été terrible le réveil qui leur a succédé.

De nouvelles démarches du gouvernement français ont fait naître de nouvelles alarmes. Un système incohérent et impossible à maintenir a été annoncé ; la liberté des noirs a été prononcée pour les Colonies de la Guadeloupe et de Saint-Domingue ; le maintien de l'esclavage a été assuré à la Martinique, c'est-à-dire, qu'on a dit aux premiers : vous recevrez la récompense des crimes dont vous vous êtes souillés ; et aux seconds, trempez vos mains dans le sang de vos maîtres, incendiez leurs propriétés, et vous en retirerez le même fruit, quand le succès aura couronné vos fureurs. Vous serez alors dans la position où se trouveut aujourd'hui les noirs de ces deux Colonies, et la crainte de tenter une autre révolution vous assurera les mêmes avantages.

Il ne faut point en douter. Lorsque le gouvernement a annoncé ces principes extraordinaires, il n'avait pas prévu les malheurs qui en seraient un jour la conséquence. Croyons que la France a assouvi, dans douze années de désordres et de calamités, la soif des destructions, et jettons sur le peu de lumières du gouvernement, et, sur-tout, sur son ignorance des localités, une erreur, dont il serait trop affreux d'avoir à soupçonner ses intentions.

Le mal n'en est pourtant pas moins réel et positif; et, tant que ce systême difforme ne sera pas foudroyé, il existera toujours dans ces contrées un appel puissant à la révolte et à l'insurrection. Or, je le demande, au milieu de matières aussi combustibles, quel père de famille oserait laiser sur cette terre volcanisée, sa femme et ses enfans? quel propriétaire oserait planter un arbre sur l'héritage de ses pères?

Je sais qu'avec une garnison sûre et forte et un gouvernement vigoureux, ce regime bizarre peut être maintenu, parce que rien n'est impossible à la force; mais qui voudrait vivre dans des lieux où l'existence ne repose que sur des moyens coërcitifs, sur des ressorts toujours tendus, sur une surveillance toujours active? Quelle fortune pourrait dédommager d'une pareille inquiétude? Oui, nous osons l'assurer, de pareils plans sont l'anéantissement des Colonies, et c'est n'en point vouloir que de les admettre, et d'en tenter l'exécution.

Quels peuvent avoir été les motifs de l'inutile exposition publique d'un système aussi dangereux? voilà la question qui se fait entendre de tous côtés. Et de là mille interprétations, mille explications, dont le développement est inutile ici. Quelque soit la cause, l'effet est dangereux pour l'existence coloniale, et doit alarmer tout individu qui a une propriété, ou un intérêt dans l'archipel du nouveau-monde. Convaincus cependant des bonnes intentions du gouvernement français, et persuadés que loin de vouloir détruire, il veut porter une main réparatrice sur les plaies de l'État, nous oserons lui adresser des réclamations, et lui présenter la vérité qui n'est redoutable qu'aux puissances faibles et pusillanimes. Puisqu'il veut le bien, il désire la lumière et nous permettra d'éclairer sa sagesse sur des intérêts qu'il ne peut apprécier, et que le long séjour seul dans ces contrées peut faire connaître et juger. Puisse-t-il rendre justice à la droiture de nos intentions, sentir combien est loin de nos cœurs toute espèce d'amertume et d'aigreur, et ne voir dans nos efforts que le désir de lui dévoiler combien ils ont surpris la religion de l'autorité, ces philosophes d'un jour, dont les cœurs glacés et les esprits prévenus disent froidement : périssent les Colonies plutôt que nos principes.

Nous n'entrerons point dans l'exposition des vues du gouvernement sur l'administration des diverses Colonies françaises. La plus petite connaissance locale en démontrera l'incohérence morale, et le premier pas vers l'exécution, l'impossibilité physique. Marchons vers les difficultés réelles, et allons au-devant des premières entraves du gouvernement. Il est évident que cette incertitude dans ses déterminations, que cette diversité dans ses principes, tient à une plus grande question, à une question que, malgré sa force, il n'aborde qu'avec timidité, tant sa marche est entravée par les traces profondes qu'a laissées dans les esprits le fanatisme philosophique et révolutionnaire.

Franchissons ces terribles obstacles, et ayons le courage de faire retentir aux oreilles les plus enthousiastes et les plus philantropes cette vérité essentielle : Tant que l'esclavage des noirs sera la matière d'une délibération, tant qu'il sera un problême, les Colonies seront en danger, parce que sans esclavage point de Colonies, sous quelques formes qu'on essaie d'attacher à la glèbe le noir destiné à l'exploitation des propriétés coloniales.

Les premières démarches du gouvernement vers l'amélioration des Colonies doivent donc être d'assurer leur existence, c'est-à-dire, de prononcer sans détour et sans modification l'esclavage des noirs. Cette déclaration franche et loyale peut seule rendre au planteur, cette confiance sans laquelle il laissera languir ses propriétés et ses moyens. Le gouvernement paraît incertain et vacillant, essayons de fixer ses idées, et de les rappeler à l'intérêt réel de la chose publique.

Pour mettre un peu d'ordre dans cette discussion importante, nous prouverons d'abord que, loin d'être un bien pour les noirs, l'abolition de l'esclavage serait pour eux un mal affreux, et ensuite, que, quand bien même l'esclavage serait véritablement un mal, ce mal est nécessaire à l'existence politique de la métropole et des Colonies.

Avant d'exposer les motifs qui rendraient l'abolition

de l'esclavage un malheur pour les noirs, il faut considérer la nature de l'esclavage qui existe dans les Colonies.

Soit qu'on porte ses regards sur l'antiquité, soit qu'on les jette sur les temps modernes, l'esclavage colonial n'a aucun modèle chez aucune nation du monde, et c'est ici la première source d'erreur. Un Européen, qui lit dans les auteurs grecs, les traitemens cruels exercés sur les Illotes par les Spartiates, ces républicains si fiers de leur liberté, gémit en pensant qu'il existe dans les Colonies des individus aussi malheureux. Mais, jamais des nègres ont-ils été fustigés comme ces esclaves grecs, uniquement pour leur faire sentir le poids de leur condition? Jamais livra-t-on des noirs à la mort, sans autre but que d'en diminuer le nombre? et un propriétaire fut-il jamais mis à l'amende par son gouvernement, parce que son nègre était trop gras, ou trop bien portant? Tels étaient les traitemens de l'esclave Lacédémonien, et je conçois que la nature en soit révoltée.

Si de la Grèce nous passons à Rome; il suffira de lire le sénatus-consulte Syllanien et les lois de l'empereur Claude, pour sentir combien était différent le sort des esclaves romains d'avec celui des esclaves coloniaux.

La différence ne sera pas moins grande, si l'on porte cette comparaison sur l'esclavage qui existe à Tunis, à Alger, et dans les lieux mêmes qui ont vu naître ces noirs, sur lesquels on gémit; lieux sauvages et barbares, où la mort des prisonniers est la loi commune de peuplades toujours guerroyantes.

Combien l'esclavage colonial est loin de tous ces

excès et de ces abus du droit du plus fort! Pour le connaître et sentir combien il est paternel, il faut avoir quelqu'idée du caractère et de la nature de l'être qui en est l'objet. Celui-là est dans un erreur bien grande, qui pense que la couleur est la seule différence entre un nègre et un blanc. Il en existe une plus grande encore entre leurs qualités morales et leurs facultés intellectuelles. Cette différence est même si sensible, qu'on ne peut douter que le nègre ne soit d'une nature inférieure au blanc. Ces deux hommes n'ont de commun que leurs vices. Car, le noir n'est susceptible d'aucune vertu. Orgueilleux, vindicatif, superstitieux, menteur, paresseux, jaloux, voleur, insensible à tout ce qui ne flatte pas ses passions, ne calculant jamais que la jouissance du moment : c'est une nature incapable d'entendre jamais aucun appel au sens droit et à la raison. Nul être ne porta jamais plus loin que cette espèce d'homme, le désir de la vengeance, et nulle espèce d'hommes ne l'exerça d'une manière aussi terrible et aussi cruelle. Aucune caste d'humains ne commit des crimes avec autant de facilité et pour des motifs aussi futiles. Sous le prétexte le plus léger, et souvent uniquement pour le plaisir de faire du mal, un nègre incendiera toutes les propriétés d'un homme, qui, quelquefois, lui a fait du bien ; il empoisonnera dans une nuit tous ses bestiaux ; il fera mourir des familles entières, et dans sa fureur, il n'épargnera pas même ses enfans. Il n'y a pas de Colonie, pas de quartier, pas d'habitation, qui n'ait des exemples à citer des crimes dont il est ici question ; et, malheureusement pour l'humanité, ces exemples ne sont que trop communs. Tel est l'homme destiné à l'esclavage dans les

Colonies; tel est l'être pour lequel la philosophie se tourmente d'une aussi vive inquiétude.

Cet homme arrivé d'Afrique est le plus souvent arraché à la mort, ce qui d'abord est un bienfait, puisqu'il eût subi dans son pays le sort réservé aux prisonniers; sort qui ne diffère dans ces diverses contrées que par le plus ou moins de cruauté. L'acquisition de cet individu condamné au supplice est alors le plus grand des bonheurs; car je doute que le philosophe le plus subtil vint à bout de persuader à un nègre prêt à être brûlé, que cette mort est préférable à l'esclavage colonial, en eût-il la plus affreuse idée. Chez tous les êtres, la nature répugne à la destruction, et l'homme peut souffrir beaucoup avant de désirer la mort.

Arrivé au lieu de sa destination, le nègre est vendu dans un lieu public, où loin d'être maltraité par les acquéreurs, comme je l'ai cru moi-même avant mon séjour dans les Colonies, il reçoit au contraire des marques de bienveillance de la part de ceux que la curiosité ou le désir d'une acquisition attirent dans le lieu de la vente. Le marché conclu, chacun emmène chez soi les nègres qu'il a achetés; et après avoir soigné leur santé, s'il est nécessaire, on les accoutume, jusqu'à ce qu'ils soient acclimatés, aux travaux les plus simples et les plus faciles. Pendant les premiers temps, qui durent quelquefois plusieurs années, il n'est pas de soins, il n'est pas d'attentions qui ne soient prodigués à ces êtres prétendus malheureux. L'habitant intéressé à conserver sa propriété va au-devant de leurs désirs, et prévient jusqu'à leurs plus ridicules fantaisies. Ce n'est que très-tard, et après des fautes fréquemment répétées, que le nègre est soumis à quelque léger châtiment.

C'est ainsi qu'insensiblement il s'accoutume à sa nouvelle condition, et devient aussi familier que le nègre créole au régime de l'habitation. Il s'attache, non pas à son maître, il n'en est pas susceptible, mais au local, aux nouvelles habitudes qu'il a prises, et au bout de bien peu de temps, il serait au désespoir ou d'être revendu ou de repasser dans son pays.

Que peut en effet désirer un individu de cette espèce? Destiné à servir, sa condition n'est-elle pas la plus heureuse et la plus douce des servitudes? Sa case, qu'il arrange et distribue à sa fantaisie, est une propriété dont il jouit avec confiance et sécurité; une portion de terre qu'il cultive, et dont le produit lui appartient, lui assure les petites jouissances de luxe dont l'habitude lui a fait un besoin. Il trouve dans les soins et l'intérêt de son maître sa subsistance et son vêtement, dans quelque état de santé qu'il soit. Si la femme qu'il s'est choisie est féconde et lui donne beaucoup d'enfans, leur nombre ne l'inquiète point. Il aura le plaisir de voir croître autour de lui une famille nombreuse, et n'en sentira point le fardeau. Et la philosophie nous dira que cet homme est malheureux parce qu'il n'est point libre? J'en appelle à vous, paysans des provinces de France : quelle portion de votre liberté ne sacrifieriez-vous point à la certitude d'une subsistance aisée? Quels travaux de votre jeunesse ne consacreriez-vous point à celui qui vous promettrait dans vos vieux jours le repos à l'abri du besoin? J'en appelle à vous tous qui, sur le sol de la liberté, vivez du travail pénible de vos mains : combien de fois le défaut de moyens vous a-t-il empêché de former des nœuds qui auraient fait le charme de votre vie? Et si le premier élan d'une passion ardente vous a d'abord aveuglé, et vous a fait franchir cet obstacle, combien de fois, revenus à une plus saine raison, n'avez-vous pas repoussé les approches d'une femme chérie, par la crainte de multiplier des difficultés déjà trop grandes? Combien de fois n'avez-vous pas opposé aux plus vives sollicitations de la nature la crainte plus impérieuse encore du besoin ?

Mais, me dira-t-on, cet homme dont vous nous vantez le sort est contraint au travail une partie de la journée. Oui, sans doute; mais quelle différence de son travail avec celui d'un ouvrier européen! Quelle lenteur, quelle nonchalance, quelle immense perte de temps qui ne seraient souffertes par aucun maître ouvrier, par aucun entrepreneur, et que le maître du nègre souffre tous les jours! Oui, sans doute, il est condamné au travail; mais quel être sur la terre en est exempt? Quel individu est dispensé de manger son pain à la sueur de son front? Voudrait-on aussi soustraire les noirs à la nécessité du travail, et cette caste d'hommes seule dans la nature serait-elle dispensée de payer à l'humanité le tribut de ses facultés ?

Je ne nierai point qu'il ne puisse y avoir et qu'il n'y ait eu des abus d'autorité. Il peut se trouver quelquefois des maîtres durs, qui outre-passent la mesure de leur autorité. Mais, d'abord, ces exemples sont rares et extrêmement rares. C'est un inconvénient particulier auquel la sagesse du gouvernement doit pourvoir, d'une manière cependant qui, dans une matière aussi délicate, ne rende pas le remède pire que le mal. Il n'est aucun homme raisonnable et sensé qui réclamât contre l'injonction particulière de vendre sa propriété, donnée par le gouvernement, à un individu reconnu à juste titre pour cruel ou injuste envers ses esclaves. Un exemple suffirait pour en imposer à tous les caractères trop durs ; mais il y a loin de la correction d'un abus à l'abolition de lois par elles-mêmes sages et utiles. La nature et la société fourmillent d'exemples de pères avares et cruels qui sont, s'il est permis de parler ainsi, les bourreaux de leurs enfans. Faut-il pour cela anéantir les droits de la paternité? Un officier, dans un moment d'humeur, maltraite injustement un soldat; faut-il pour cela détruire la discipline militaire? Non, sans doute; toute institution humaine est sujette à des imperfections, et la société n'en formerait aucune s'il fallait qu'elles fussent sans abus.

Malgré ces inconvéniens inséparables de tout gouvernement humain et de toute loi générale, il n'est pas de nègres qui ne préfère son sort, je ne dis pas à la classe malheureuse et indigente des blancs, mais à celle même dont le sort ne nous paraît pas à plaindre, je veux dire les soldats et les matelots. Leur existence est donc loin d'être aussi fâcheuse qu'on voudrait le persuader. J'ajouterai même que le nègre jouit de toute la masse du bonheur que comportent ses facultés morales, et qu'il serait impossible de lui en départir une portion plus grande.

Voudrait-on soumettre les noirs à un régime et à des lois semblables à celles qui gouvernent les européens, et établir parmi eux une société soumise à un code civil, à un code criminel? Il faut bien peu connaître le caractère des nègres, pour croire à la possibilité d'une pareille chimère. Soustraire le noir aux moyens coërcitifs, l'arracher à la dépendance, substituer à la crainte l'appas du gain, l'espoir des récompenses, c'est le rendre à toutes les horreurs de la vie sauvage. L'avenir n'entre pour rien dans le calcul de cet être insensible à tout ce qui ne frappe point actuellement ses sens. Il n'y aurait qu'un pas pour lui de l'abolition de l'esclavage au mépris de toutes les lois, à l'insouciance de toute société, à la violation de toute propriété, à la licence la plus effrénée, à l'établissement des droits de la force. Or, je le demande : que deviendrait, dans cette nouvelle Guinée, cette foule de noirs qui ont acquis quelque propriété, dont ils jouissent sous la protection des lois? Que deviendrait cette foule d'enfans, de vieillards et d'infirmes, qui composent au moins un tiers de la caste noire? Vous avez rompu les liens qui unissent l'esclave au maître. Celui-ci ira porter ailleurs les débris de sa fortune, l'autre restera sans appui et sans protecteur.

C'est une vérité qu'on ne peut sentir qu'après avoir long-temps habité dans les Colonies. C'est que l'esclavage doit être le calcul du philantrope, qui rêve le bonheur de l'humanité. Le gouvernement qui ferait aux noirs le funeste présent de la liberté ne serait pas plus sage et plus humain que celui qui armerait une societé d'enfans d'instrumens meurtriers et leur dirait de se gouverner comme ils l'entendraient. Depuis le temps que les Colonies sont exploitées par des noirs, ils auraient dû prendre les mœurs des blancs avec lesquels ils vivent. Mais rien n'est changé dans eux. Leur nature est aussi âpre qu'aux premiers jours, et cette caste d'hommes sera à jamais sourde à la voix des élémens primitifs et accessoires de toute liberté, la justice et la raison. *Gens nimiùm ferox ut sit libera.*

Il n'y a pas de milieu : le gouvernement doit, ou maintenir les noirs dans l'esclavage, ou se déterminer à les voir revenir à la vie sauvage, qui est le résultat infaillible de leur indépendance. Or, je le demande au philosophe le plus fanatique : lequel est le plus humain, ou de tenir dans la dépendance d'un maître des individus qu'il a intérêt de conserver, de les associer à une famille, à une société qui leur assure la tranquillité, la sûreté, la propriété et tous les biens que l'homme ne peut trouver que sous l'empire des lois; ou de les livrer aux désordres qu'entraînent les passions les plus brutales, et à tous les malheurs qui sont la suite de la loi du plus fort ?

On m'objectera peut-être ce principe : que le bonheur est où l'on pense le trouver; que ces noirs désirent la liberté, et qu'ils ne la désirent que parce qu'elle les rendrait plus heureux.

A cela, je réponds d'abord, que ce principe n'est vrai que pour l'homme raisonnable, qui a éprouvé les deux conditions, et qui, calcul fait, préfère l'une à l'autre. Il suppose la connaissance des inconvéniens et des avantages de deux états. Or, les noirs ne sont pas dans ce cas là. Ils désirent la liberté, parce qu'ils ignorent qu'elles en seront les conséquences pour eux; comme des enfans désirent l'éloignement de l'homme qui les garde, parce qu'ils ne voyent que le joug de la surveillance, et qu'ils ne prévoyent pas que sans cette surveillance ils se battraient, se blesseraient, se noyeraient et s'exposeraient à tous les dangers qu'entraînent des passions vives, qui ne sont point enchaînées par la raison et par l'expérience.

Je dirai ensuite que les noirs désirent la liberté, parce qu'incapables de raisonner, ils s'imaginent qu'il n'y aurait que leur sort de changé, qu'ils seraient libres de leurs actions, qu'ils ne travailleraient que pour eux; mais, que, du reste, il y aurait toujours un gouvernement pour les protéger, que les blancs maintiendraient l'ordre, que les ports seraient également remplis de vaisseaux étrangers, qui viendraient leur apporter les objets de nécessité et de luxe. Insensés, ils ne savent pas que la culture et la manufacture des produits coloniaux, ne peuvent avoir lieu que par une réunion de bras, une régularité de travaux, une complication de moyens parfaitement bien organisée, que tout cela ne peut avoir lieu sans esclavage, parce que, sous un climat où l'homme n'a aucun besoin, l'appas du salaire le plus exhorbitant ne le déterminera jamais à un travail soutenu et régulier.

Sans esclavage point d'exploitation coloniale, sans exploitation coloniale point de commerce. Or, le commerce et l'appas du gain attirent seuls les Européens dans les Colonies, et ces Colonies ne sont protégées par les gouvernemens, que parce que cette protection est utile à leur commerce, à la consommation du superflu de leurs denrées territoriales; qu'elles occupent leurs manufactures, et fournissent à la métropole les objets dont le luxe a fait un besoin. Mais les premières bases de cette association anéanties, les blancs porteraient ailleurs leur industrie et leurs moyens, et les gouvernemens laisseraient les noirs se dévorer entr'eux comme ils les laissent sur une partie du globe.

Que l'on annonce à tous les noirs de la Colonie qu'ils vont rester maîtres du sol, que les blancs vont abandonner ces climats, et qu'ils seront maîtres de faire ce que bon leur semblera. Excepté quelques mauvais sujets, auxquels la paresse et la licence paraissent le souverain bien, je crois qu'un très-petit nombre voudra la liberté à ce prix, parce que cette caste se connaît elle-même, parce que les noirs savent qu'ils rentreraient immédiatement dans la classe des nègres des côtes d'Afrique, et que tous ont cet état en horreur. Tel serait pourtant le résultat de l'abolition de l'esclavage. Cette abolition serait donc un malheur pour les noirs, puisqu'elle les conduirait infailliblement à l'état qu'ils redoutent le plus, celui de la vie sauvage, celui des nègres de Guinée. Et qu'on ne dise pas que ce sont ici des raisonnemens spéculatifs. Ce que je dis est fondé sur la nature du nègre, et ne peut être contesté que par ceux qui ne connaissent point son caractère.

Les noirs ne formeront jamais une association civilisée sans l'influence des blancs et la protection d'un gouvernement. Les blancs et les gouvernemens ne protègeront les noirs, que lorsqu'ils y trouveront leur intérêt. Ils n'y trouveront leur intérêt, que lorsqu'à l'aide du travail des noirs il y aura un commerce; et il ne peut y avoir de commerce sans exploitation; comme il ne peut y avoir d'exploitation sans une réunion de forces et de moyens bien organisés. Cette réunion ne peut exister sans esclavage, quelque salaire que l'on donnât au noir, fût-il d'un louis par jour; car cette somme lui serait inutile dans un climat où il n'a aucune espèce de besoin : or l'homme ne travaille que pour satisfaire aux besoins ou de la nature, ou de la société, et la nature ne lui en donnant aucun, qu'il ne puisse satisfaire sans travail, il est évident que cet individu

individu préférera sa paresse, qui est une jouissance pour lui, au salaire le plus fort qui ne peut lui en procurer aucune. Je le répète donc sans crainte d'être contredit : sans esclavage point d'exploitation coloniale; sans exploitation coloniale point de commerce; sans commerce point d'intérêt pour les blancs et les gouvernemens; sans l'un et l'autre point de société civilisée parmi les noirs; sans civilisation, les horreurs de la vie sauvage. Donner la liberté aux noirs, c'est donc verser sur eux le plus terrible des fléaux, puisqu'il les jettent dans l'état qu'ils ont le plus en horreur.

Je pourrais m'arrêter là. Mon intention est de prouver que l'abolition de l'esclavage serait un malheur, et je ne crois pas être resté au-dessous de mon projet. Mais j'irai plus loin. Je chercherai toutes les difficultés, et j'irai au-devant des principes les plus chers aux partisans de la liberté des noirs, et je prouverai que conséquences et principes, bien général et particulier, que tout est faux dans cette opinion philosophique.

Ils ne peuvent connaître combien ce changement serait fatal aux noirs, ces philosophes accoutumés à juger et à gouverner le monde d'après leurs idées chimériques de perfectibilité. Pour sentir combien le noir serait à plaindre, quelle différence la suppression de l'esclavage mettrait dans son sort, il faudrait avoir été témoin de l'état, de l'aisance, du luxe de cette classe d'individus. Il faut avoir vu les soins, les attentions, les inquiètes précautions des blancs pour ces prétendus esclaves. Je dis prétendus esclaves, car comment peut-on donner ce nom à des gens qui vivent avec leur maître avec plus de familiarité et d'aisance qu'aucun homme de travail ne vit en Europe avec un homme d'une classe supérieure; à des gens qui craignent moins leur maître, ont en lui plus de confiance, implorent ses secours avec plus de liberté et d'assurance qu'un enfant n'implore en Europe ceux de son père, ou de ses parens les plus proches.

Dans toute société humaine et civilisée, une partie des individus a en partage les jouissances et les plaisirs du luxe, et l'autre le travail et le poids du jour. Tel est l'ordre indispensable des choses. Que l'on compare le sort des nègres avec celui des hommes destinés, dans les sociétés européennes, à gagner leur pain à la sueur de leur front. Quelle différence entre le sort du paysan journalier et celui du nègre qui travaille la terre; entre l'artisan des villes et le nègre de métier; entre les nègres domestiques et les valets européens! C'est par ces rapprochemens que l'on peut juger combien le sort des noirs est préférable à celui des blancs, dans chaque classe correspondante. Quel artisan, quel valet européens ont jamais pu employer jusqu'à 2000 liv. par an à des jouissances de luxe, comme cela arrive fréquemment aux esclaves coloniaux, et comme ils le pourraient presque tous, si la paresse, l'insouciance n'étaient pas dans la plupart de ces individus le souverain bonheur. Quel ordre de choses pourrait assurer à ces prétendus esclaves des avantages assez grands, pour pouvoir donner à leurs fantaisies ce qui, en Europe, assurerait l'aisance d'une famille honnête?

Un des plus puissans motifs de réclamation contre l'esclavage est le châtiment imposé aux nègres. Ils sont soumis au fouet, et cette punition sert de base aux déclamations contre l'esclavage. Mais les soldats passent aux verges, aux courroies, sont fusillés, faut-il pour cela supprimer le militaire ? Un matelot couché sur un canon reçoit cent coups de corde, faut-il anéantir la marine ? Un paysan est dépouillé pour l'acquit des droits du fisc, faut-il supprimer les impôts ? Un malfaiteur est enchaîné, fouetté, marqué, faut-il supprimer le bourreau qui l'a exécuté, la maréchaussée qui l'a arrêté, la justice qui a ordonné son châtiment ?

Mais, pour répondre plus directement, j'en appellerai aux témoins oculaires. Qui ne sait que le fouet est un châtiment, dont on use habituellement d'une manière plus bruyante que douloureuse ? et que si quelquefois il est exercé dans toute sa rigueur, c'est pour des fautes graves, et qui auraient mérité, en Europe, les galères, la prison perpétuelle, ou la mort ? L'esclave noir est donc, dans ses châtimens même, traité avec plus de douceur que le blanc ; il l'est par conséquent dans tous les rapports qu'il peut avoir avec lui.

Quant aux raisonnemens métaphysiques, que la philosophie étale sur ce sujet, ils se réduisent tous à celui qui établit, que la liberté est un droit naturel, inaliénable, contre lequel il n'y a point de prescrtipion, et dont l'homme ne peut ni se priver, ni être privé. Quand on a dit cela, on a réuni sous un seul point de vue tous les sophismes et toutes les déclamations philosophiques. Or, voyons si ces argumens sont inattaquables.

Qu'est-ce que la liberté ? La liberté naturelle ou absolue, n'est autre chose que le plein et libre exercice de toutes les facultés. Elle suppose une abnégation totale de toute qualité morale, elle ne donne à l'homme d'autre règle, d'autres lois que ses passions, comme elle ne donne aux bêtes sauvages, avec lesquelles ils partagent ce don de la nature, d'autre guide que leur instinct et leurs appétits. Voilà la liberté dans toute son étendue, telle qu'elle a été départie à l'homme. Voilà dans l'ordre moral, la production brute de la nature.

Quel philosophe oserait dire que cette liberté naturelle est un droit inaliénable ? Je doute d'abord que son système fît fortune, et qu'il réussît à déterminer les hommes à habiter les bois. Mais, on lui dirait, le contraire est prouvé par le fait, car depuis qu'il existe des hommes, il existe des sociétés plus ou moins nombreuses, et le premier résultat de toute société est le sacrifice de cette liberté absolue, qui ne peut exister avec le respect des lois et des conventions. Il est donc démontré que la liberté absolue de l'homme n'est pas inaliénable, et qu'en entrant dans une société civilisée, il en fait le sacrifice volontaire ou forcé, tacite ou public, pour jouir plus sûrement de la portion qu'il conserve, et cette portion de liberté est appelée par les publicistes liberté civile. Or, qu'est-ce que la liberté civile ? La liberté civile est le droit de faire tout ce les lois ne défendent pas. Ce droit a donc pour limites les lois de chaque société. Mais, je demande, qu'est-ce qu'un droit naturel, inaliénable, et dont cependant l'homme peut aliéner jusqu'à la démarcation déterminée par les lois de la société ? Il est très-aisé de répondre à cette question, quand on veut mettre un peu de franchise et de vérité dans la discussion. C'est que c'est un droit, qui n'existe pas, qui a pris naissance dans la tête de quelques philosophes; c'est un grand mot sur lequel il aisé d'entasser beaucoup de déclamations, que les esprits faibles prennent pour des vérités, et, comme c'est le plus grand nombre, et que la multitude des opinions fait, non pas l'opinion publique, mais l'opinion du public, les réformateurs, les niveleurs remplissent leur but, puisqu'ils attirent à leur opinion, non pas la classe qui réfléchit, mais celle qui agit, c'est-à-dire, presque la seule utile dans les temps de trouble et de révolution.

Il est une vérité dans l'ordre de la nature, un droit bien autrement démontré que celui de la liberté : c'est la suprématie de l'homme sur tous les autres êtres de l'Univers. Je ne dirai point que la nature ait précisément donné à l'homme le droit de commander à l'Univers, parce que je ne crois pas que la nature donne des droits ; mais, on ne peut douter qu'elle ne lui en ait donné les moyens ; et comme je ne crois pas qu'elle ait rien fait sans but, je pense que voulant la cause, elle a voulu l'effet ; et c'est sur ce raisonnement ultérieur seul que je fonde le droit de l'homme à la royauté du monde. C'est dans cette intention sans doute que lui ont été départis le don de la parole, la faculté de raisonner et cette construction physique qui le distingue du reste des animaux. Mais, comme ces puissans moyens sont nuls pour l'homme isolé et sauvage, qu'ils n'ont de valeur qu'autant qu'il est réuni en société, que hors de la société il est l'être le plus faible de la nature, il est évident que l'homme est appelé à la vie sociale par les impulsions les plus puissantes de la nature, ses besoins et sa sûreté individuelle.

Si donc l'homme est appelé à l'ordre social par la voix la plus puissante de la nature, sa faiblesse et ses besoins, il est évident que ce premier but doit être rempli avant tout, et que tous ses droits réels ou imaginaires disparaissent devant ce premier besoin. Il doit donc lui sacrifier non-seulement une partie de sa liberté, mais sa liberté toute entière, s'il est d'ailleurs démontré que sans ce sacrifice il ne peut exister une société. Or, tel est le caractère des noirs, telle est la position locale des Colonies, tel est le climat de ces contrées, que les nègres n'y formeraient jamais en société civilisée s'ils étaient maîtres de leurs personnes. Il est donc nécessaire que le nègre soit privé de la liberté civile, puisque sans cela il ne peut jouir des bienfaits de la civilisation. On peut même dire que le noir n'est privé que de la liberté physique, car le noir, par l'esclavage colonial, ne perd que le droit de disposer de sa personne; et, à ce sacrifice près, qui est nécessaire pour qu'il jouisse d'un plus grand bien, il a une étendue de liberté beaucoup plus considérable qu'une foule d'hommes en Europe, qui n'ont pas plus que lui le droit de disposer de leur personne, et qui, ensuite, sont enchaînés par mille lois, par mille liens, par mille entraves inconnues aux noirs. Chez les Anglais, ces vieux amis de la liberté, le soldat est engagé à vie. Il a, d'abord, comme tous ses compatriotes, sacrifié à la société la majeure partie de sa liberté naturelle, et les lois militaires lui enlèvent le reste. Il ne peut pas, plus que le nègre, disposer de sa personne, et s'il veut en disposer, il est pendu; au lieu que le nègre en dispose souvent pendant des années, et en est quitte pour un léger châtiment, qu'il évite trois fois sur quatre, parce que l'usage, toujours enclin à la bonté et à l'indulgence dans les colonies, a prévalu de pardonner au nègre fugitif qui revenait de lui-même ou se faisait ramener à son maître.

Ces deux hommes sont donc, l'un attaché à une habitation et l'autre à son régiment. Mais, celui-ci est exposé à une foule d'inconvéniens que le noir ne pourrait pas supporter, et qu'il regarderait comme le plus dur des esclavages, le déclara-t-on le plus libre et le plus indépendant des hommes. Le soldat est exposé à changer de domicile tous les jours, à n'avoir point de résidence fixe ; il est obligé de manger en commun et à des heures réglées ; de coucher dans ses casernes. Voilà le véritable esclavage, voilà l'esclavage de fait, parce que c'est celui de tous les jours, c'est celui de tous les momens. Le nègre ne peut pas disposer de sa personne, mais ce n'est point un sacrifice qu'il fait à l'âge de vingt ans comme le soldat. Il naît dans cet état, il croît dans cette dépendance, et il la regarde comme une chose aussi naturelle que la chaleur du climat contre laquelle il ne cherche point à réclamer. Du reste, pourvu qu'il remplisse sa tâche, il est libre de toutes ses actions, il l'est, sur-tout, pendant la nuit, il l'est, sur-tout, dans son intérieur, dont personne ne se mêle, et dans lequel, d'après les mœurs du pays, il a une liberté beaucoup plus grande que les blancs dans aucune contrée du monde, parce que les blancs ont des lois et des usages qui gênent leurs goûts et leurs passions, au lieu que le noir est étranger à toute entrave de ce genre. Voilà la liberté réelle, voilà la liberté positive. Elle consiste dans les jouissances journalières, et non pas dans un mot également vuide et de sens et de chose.

En répondant aux philosophes dans cette circonstance relative aux noirs, je me suis servi de leurs propres armes, j'ai raisonné sur leurs principes ; mais si j'avais à attaquer directement la prétendue inaliénabilité de la liberté de l'homme, je suivrais une autre voie, et j'oserais nier purement et simplement cet axiôme philosophique.

Quelqu'un a dit, la liberté est un droit inaliénable, et aussitôt tous les Stentors ont crié d'une voix de tonnerre, dans tous les coins de l'Europe, la liberté est un droit inaliénable. On a donné cette découverte comme une vérité mathématique, et la plupart des hommes accoutumés à penser d'après les autres, ont regardé comme un principe démontré un paradoxe, qui ne repose sur aucune base solide.

Quoi! vous dites que la liberté est un droit naturel de l'homme, et il ne peut pas disposer de ce droit? La nature m'a départi une propriété, et je ne puis pas l'aliéner? Et où est donc ce décret de la nature, qui me donne un droit dont elle ne m'a laissé que l'usufruit? Qu'ils nous montrent cette grande charte, qui n'accorde aux hommes qu'un droit illusoire, ces philosophes auxquels la nature a confié le trésor de ses archives? A qui appartient le fond d'une propriété dont je n'ai que la jouissance? Quoi! je suis libre et je ne puis ni vendre ni aliéner ma liberté? et si je n'ai d'autre moyen d'assurer mon existence, ma tranquillité et mon bonheur, il faudra que je périsse de faim ou de misère, parce qu'il a plu à quelques philosophes de rêver que ma liberté est inaliénable, de me déclarer mineur à perpétuité et de mettre mes droits en tutelle.

Que dis-je, des droits? la nature donna-t-elle jamais des droits à l'homme! Non assurément. Elle ne lui a donné que des besoins et des facultés pour les satisfaire. Quoi, me dira cet atôme révolté, je n'ai point le droit de propager mon espèce et de veiller à ma conservation ? Tu le peux sans doute, être orgueilleux et habile à te créer des droits imaginaires. Mais ce pouvoir ne fut jamais un droit : et, il est si peu un droit de la nature ; que ta raison ne suffirait ni à ta conservation, ni à ta propagation, si, je ne dis pas la nature, mais l'auteur suprême de toutes choses n'avait assuré l'un et l'autre, en jettant dans tes organes, comme dans ceux des autres animaux, les sensations du plaisir et de la douleur. C'est pour éviter les traits poignans de l'un que tu te conserves, parce que à la mort est attachée la douleur, et c'est pour te procurer les plaisirs attachés à la génération que tu multiplies ton espèce. Ainsi, le besoin de jouir, le besoin de ne pas souffrir, voilà tes droits. Je reviens à la liberté.

Si la liberté est un don que la nature a fait à l'homme, elle lui a départi en même temps la faculté d'en disposer pour son bien-être comme bon lui semblerait. Sans cela, elle serait absolument comme celui qui donnerait un énorme diamant brute aux conditions de ne point le tailler, de ne point le polir, de ne jamais le faire passer sous le ciseau du lapidaire ; c'est-à-dire, qu'il donnerait une très-belle propriété à des conditions qui la rendraient illusoire. La liberté est le diamant brute de la nature. Pour avoir quelque éclat, il faut qu'il soit réduit à quelques grains de son poids primitif. Il en est de même du nègre. Pour qu'il puisse jouir tranquillement de sa petite propriété, avoir sa subsistance assurée dans sa vieillesse, n'être point mangé ou brûlé par ses ennemis, n'être pas massacré par ses amis quand il sera infirme, il doit perdre sa liberté personnelle toute entière, parce que ces avantages ne peuvent lui être assurés sans ce sacrifice. En un mot, l'esclavage colonial est aux noirs ce que la civilisation et la législation sont aux blancs; et comme on ne peut pas dire que la civilisation ne soit un bonheur pour ceux-ci, on ne peut pas dire que l'esclavage colonial ne soit pareillement un bonheur pour ceux-là.

Soit donc que dans l'esclavage des noirs l'on considère ou la question de droit ou la question de fait, il me paraît qu'il doit être maintenu pour leur propre bonheur, parce qu'ils jouissent dans cet état de toute la masse de bien-être qu'ils sont susceptibles de recevoir. Leur nature, leur caractère, leurs mœurs, le climat, la position locale, tout s'oppose à ce qu'il leur soit départi une plus grande étendue de liberté que celle dont ils jouissent: ils ne pourraient la supporter, comme des yeux trop foibles et trop délicats ne peuvent soutenir l'éclat d'une trop grande masse de lumière, parce que de même qu'un trop grand jour produit dans des yeux de cette nature des désordres qui les privent totalement de la vue et des avantages que leur procure une faible lumière, de même plus de liberté produirait parmi les noirs des désordres pires que l'esclavage, et qui les priveraient de toutes les douceurs dont ils jouissent dans la servitude paternelle des Colonies. Mais quand bien même l'esclavage serait un malheur pour les noirs, ce mal particulier est nécessaire à l'existence politique de la métropole, ce qui est l'objet d'une seconde question.

Pendant une lutte de neuf ans à peine terminée, la France a éprouvé de quelle importance était dans la balance de l'Europe une marine puissante, un commerce étendu, des finances bien ordonnées. C'est à l'aide de ces trois moyens que l'Angleterre a résisté avec gloire à la puissance colossale de la république française, et qu'une population de douze millions d'individus, étayée de ces puissantes ressources, a balancé les succès d'une population de trente, secourue de presque la totalité des moyens physiques de l'Europe continentale. Car, nous devons le dire, les succès militaires qu'a obtenus la France dans cette guerre étonneront la postérité sans doute; mais ce sera une question long-temps indécise et sur laquelle la génération actuelle n'est pas juge compétente, que de savoir laquelle des deux nations a le plus de droits à l'admiration de l'univers, l'une en attaquant et soumettant l'Europe continentale par un développement de moyens et de forces que l'esprit ne peut comprendre; l'autre en opposant au torrent des destructions intérieures et extérieures une force de résistance qui n'a de modèle chez aucun peuple du monde, en développant un courage de patience et de constance, qui, sans sortir de ses moyens ordinaires, l'a montrée quelquefois supérieure, souvent égale et rarement inférieure aux efforts et aux attaques sans cesse renouvelés d'une nation par-tout victorieuse et triomphante. Il faudrait être bien hardi, j'oserais même dire, bien téméraire, pour décider laquelle des deux est plus glorieuse, ou l'attaque ou la défense.

Le gouvernement français, si l'avenir entre pour quelque chose dans ses calculs, doit sentir que les moyens révolutionnaires ne peuvent pas toujours subsister. Il n'y aura pas tous les jours un clergé et une noblesse à dépouiller, des assignats à établir, des contributions étrangères à lever, des emprunts forcés à faire. Il viendra un temps où la nation, plus solidement éclairée par l'expérience, reconnaîtra l'impossibilité d'une égalité chimérique ; où cette liberté, qui a été pour les nations modernes un nouveau Phantase, sera réduite à sa juste valeur. Il viendra un temps enfin où la France rentrera dans la classe des peuples tranquilles, et sera réduite à ses ressources territoriales, industrielles et commerciales ; parce que tout ce qui sort de ces moyens naturels est fondé sur la force et sur la violence, et que dans l'ordre politique, comme dans celui de la nature, tout ce qui est violent ne peut pas durer.

L'Angleterre, au contraire, n'est point sortie de ses mesures ordinaires. Ce qu'elle a fait pendant neuf ans, elle pourrait le faire encore long-temps ; et sans rien changer, sans rien altérer, sera susceptible, à la première occasion, des mêmes moyens, du même développement de ressources, de forces et d'énergie. Elle a, par son crédit et la magie de ses finances, fait face aux dépenses incalculables de la France pendant quatorze années, et l'influence de son crédit lui a donné, dans tous les cabinets de l'Enrope, une prépondérance qu'elle n'a perdue que par les bayonnettes françaises. Or, à quoi cette puissance doit-elle cette immensité de richesses réelles et d'opinion ? N'est-ce point à la vaste étendue de son commerce et à la puissance supérieure de sa marine.

C'est à la supériorité de sa marine que l'Angleterre doit la domination absolue de l'Inde. C'est sa marine qui, dans les commencemens de la guerre, lui a associé l'Espagne et la Hollande. C'est par sa marine qu'elle a, heureusement pour la France, conquis toutes ses Colonies ; c'est par sa marine qu'elle a empêché la chûte de l'empire du Croissant ; c'est par sa marine qu'elle a reconquis Malte et l'Egypte ; c'est enfin par sa marine qu'elle a enchaîné le Nord de l'Europe, qu'elle a dominé les États-Unis, qu'elle a attiré tous les vaisseaux du monde, et que la bourse de Londres a été, pendant neuf ans, la place de l'Univers. Quelles ressources le commerce, protégé par la marine, n'a-t-il pas fourni à l'Angleterre ? puisque le gouvernement, le plus prodigue qui existe, a suffi à des dépenses aussi incompréhensibles, sans reculer l'époque de sa liquidation et de sa dette nationale. Un systême d'amortissement, suivi depuis vingt ans, n'a éprouvé ni échec ni retard, et a toujours marché d'un pas égal avec les emprunts qui ont fourni pendant neuf ans à la solde et au soutien de toute l'Europe.

Il n'y a donc pas de milieu : ou la France doit avoir une marine capable de balancer celle de l'Angleterre, ou elle doit déposer la supériorité qu'elle a acquise dans l'Europe, et se déterminer à perdre le fruit des avantages continentaux qu'elle a payés de tant de sang et de sacrifices.

Peut-être serait-il possible à la France, dans quelques années, à l'aide des alliés que doit lui donner son influence continentale, de réunir autant de vaisseaux armés que l'Angleterre. Je dis possible, parce que cela suppose, dans les ports de France, de Hollande et d'Espagne, une activité qu'il n'est guère praticable de réaliser après la guerre et les échecs que ces trois puissances ont éprouvés sur mer. Mais, d'ailleurs, des vaisseaux armés ne sont pas des vaisseaux équipés : ce n'est qu'une marine matérielle, qu'un corps sans âme, si d'habiles marins et des matelots accoutumés à la mer ne sont placés sur ces vaisseaux pour les manœuvrer et les commander. Je veux bien encore que des officiers, à l'aide d'une bonne théorie, du travail et d'une étude assidue, acquièrent des connaissances qui se développent avec un peu d'expérience ; mais, les matelots, qui n'apprennent que par la pratique, ne peuvent se former qu'à la mer. Il faut donc à la France un marine marchande, qui en occupe beaucoup. Or, il n'y a point de marine marchande sans un grand commerce, et il n'y a point de commerce sans une grande quantité de Colonies et de Colonies éloignées, parce que ce sont les longs et pénibles voyages qui font les matelots. Un homme qui n'aurait fait pendant vingt ans que la traversée de Douvres à Calais, serait un très-mauvais matelot ; et celui qui aura fait trois fois le voyage de l'Inde, sera excellent, parce qu'il aura éprouvé tous les temps et toutes les mers, qu'il sera accoutumé aux salaisons, à la mauvaise eau, aux divers climats, en un mot à toutes les âpretées du métier de la mer.

A cet enchaînement de propositions on oppose deux difficultés ; on demande d'abord, s'il est absolument nécessaire d'avoir des Colonies pour avoir un commerce ; et ensuite, s'il ne serait pas possible d'avoir des Colonies sans esclavage. Je vais répondre à ces deux difficultés.

Pourquoi, dit-on, des Colonies seraient-elles nécessaires pour avoir un commerce ? La Suède, le Danemarck, la Russie, les Etats-Unis, n'ont que peu ou point de Colonies : elles ont cependant un commerce ; celui de la France serait à lui seul aussi étendu que celui de toutes ces puissances réunies : elle n'a donc pas besoin de Colonies.

Je crois avoir présenté cette objection dans toute sa force, et n'avoir point cherché à l'affaiblir. Il me paraît facile à démontrer que non-seulement cette difficulté n'en est pas une, mais qu'au contraire elle concourt à établir la nécessité des Colonies.

La Suède, le Danemarck et la Russie peuvent avoir des bâtimens à moitié prix du reste de l'Europe ; ces trois puissances ont les meilleurs fers, les meilleurs bois, les meilleures mâtures, le meilleur chanvre, les meilleurs brais ; en un mot, ce sont elles qui fournissent aux chantiers européens les matières premières des armemens maritimes. Elles trouvent dans leurs mines, dans leurs forêts, dans leurs manufactures les objets de première nécessité que l'Angleterre, la Hollande, la France et l'Espagne sont obligées de faire venir à grands frais. Ces puissances ont donc, d'une part, une marine matérielle à moitié frais du reste de l'Europe ; d'une autre, un commerce d'exportation immense en matières de première nécessité ; cependant elles n'ont qu'une marine très-faible ; elles n'équiperaient pas ensemble cinquante vaisseaux de guerre sans faire languir leur marine marchande, et une lutte seulement de trois ans avec l'Angleterre les épuiserait entièrement même sans combat, par la seule difficulté de fournir des matelots à leurs armemens et à leurs vaisseaux marchands. Cependant elles ont une étendue de côtes aussi considérable que l'Angleterre et une population plus que double. Il résulte donc de cet état comparatif que la nature semble avoir tout fait pour donner à la Russie, à la Suède et au Danemarck la suprématie des mers, matières premières, grande étendue de côtes, population, richesses territoriales, commerce immense d'exportation, et qu'elle semble avoir tout refusé à l'Angleterre; car cette puissance n'a pour elle que l'étendue de ses côtes; du reste, elle n'a qu'une population de quinze millions, et elle est obligée d'importer les bois, les planches, les mâtures, les chanvres, les voilures, les brais. Son commerce d'exportation ne consiste qu'en objets de manufacture et de luxe, ce qui n'est rien, ou presque rien; car c'est un principe reconnu en matière de richesses nationales que, plus une matière est chère, moins on en exporte en quantité, et que plus une matière emploie de bras, plus elle est chère. D'où il résulte que, si l'Angleterre n'avait d'autre frêt que celui que lui procureraient ses manufactures et ses richesses territoriales, il serait réduit à bien peu de chose. L'art et le commerce ont donc vaincu la nature, puisque cette puissance a une existence maritime à laquelle aucune autre ne peut être comparée. C'est qu'elle a une immensité de Colonies, et que les Colonies seules donnent un grand commerce.

Mais, me dira-t-on, il se fait cependant dans la Baltique un commerce immense. J'en conviens. Mais si quatre mille bâtimens passent le Sund dans un an, deux mille appartiennent à l'Angleterre, mille à la Hollande, et le reste aux autres puissances du nord de l'Europe. Ce ne sont donc point les puissances du nord qui font leur propre commerce, et qui portent aux autres nations leurs denrées superflues, pour en rapporter celles qui leur sont nécessaires et qui manquent à leur territoire. Ce fret immense est le patrimoine des autres peuples commerçans de l'Europe, et cette source de richesses est perdue pour ces états; car il est évident que si ces trois puissances pouvaient suffire à leur commerce, on ne verrait pas une si grande quantité de pavillons étrangers traverser le détroit.

Qu'on ne dise point que ces trois puissances suffiraient à leur commerce d'exportation, mais que les étrangers vont charger dans la Baltique pour avoir le profit du fret. Il est une vérité commerciale qui répond à cela : c'est que, toutes choses égales d'ailleurs, le commerce d'exportation est toujours fait à meilleur marché par les nationaux que par les étrangers. D'ailleurs, si ces trois puissances avaient assez de vaisseaux pour suffire à l'exportation de leurs richesses naturelles, il n'est pas douteux que leurs gouvernemens ne missent sur les vaisseaux étrangers des droits d'exportation, qui donneraient tout l'avantage aux nationaux. Non, les bâtimens étrangers n'abondent dans la Baltique, que parce que les puissances maritimes du nord n'en ont pas assez, et elles n'en ont pas assez, parce qu'elles manquent de matelots; car elles ont à moitié prix toutes les matières premières de la marine.

Peut-on assigner à ce manque de matelots une autre cause que le peu de Colonies? Non, assurément. La mer Baltique n'étant navigable que dans certains temps de l'année, le passage du Sund étant souvent fermé par les glaces, les armateurs craignent d'avoir à leur charge, pendant la saison morte, une trop grande quantité de matelots, circonstance qui les rend circonspects et timides dans leurs armemens, et qui n'existerait pas si ces puissances avaient des Colonies qui occupassent leurs matelots pendant une partie de l'année.

Quant aux Etats-Unis, qui, n'ayant point de Colonies, ont un commerce immense, cet avantage tient à la localité : cette puissance n'a point de Colonies; mais elle alimente les Colonies de toutes les puissances Européennes. C'est elle qui leur fournit les alimens salés, les bois, les mereins, les feuillards, le riz, tous les objets de première nécessité; ce qui lui procure un fret immense et assuré, parce qu'elle peut faire ce commerce à moins de frais qu'aucun pavillon européen. Ainsi, la Russie, la Suède et le Danemarck ont peu de commerce, parce que ces États ont peu de Colonies : les Américains en ont un immense, parce que leur localité leur donne tout l'avantage d'une nation qui aurait tout l'Archipel des Antilles à alimenter; mais les États-Unis ne tirent de cette localité que l'avantage de se procurer un débouché pour leurs denrées. Le lucre serait bien plus considérable pour eux, s'ils avaient quelques propriétés dans les Antilles, puisqu'ils payeraient en sucre, cacaos, café, plusieurs millions de gourdes, qu'ils sont obligés de payer à l'Angleterre, en espèces sonnantes, pour balance de commerce.

Il est donc démontré par le fait que sans les Colonies on ne peut avoir un grand commerce, parce que c'est le seul moyen de faire d'une manière profitable des voyages de long cours, et qu'il n'y a que les voyages de ce genre qui occupent une grande quantité de matelots et les forment à la mer. Venons à la seconde question.

On demande, en second lieu, s'il ne serait pas possible d'avoir des Colonies sans esclavage. Je réponds que cela est absolument impossible. Car, pour avoir des Colonies, il faut les exploiter ; pour les exploiter il faut une régularité de travaux bien ordonnés ; pour avoir une pareille nature de travail, il faut une réunion de bras qu'aucun motif ne puisse détourner. Or, l'esclavage est le seul moyen par lequel l'on puisse obtenir une pareille réunion dans les Colonies.

Je crois avoir déjà prouvé cela par l'exposition de cette vérité de fait, c'est que l'homme ne travaille que pour ses besoins. Le travail des mains n'a par lui-même aucune èspèce d'attraits. Il faut que l'être destiné au labeur dans la société, y soit porté par les besoins. Ces besoins sont ceux que nous impose la nature, comme celui de se nourrir et de se mettre à l'abri des injures du temps ; ceux de la société, l'entretien de sa femme, l'éducation de ses enfans, le paiement des impositions. Or, la nature et la société n'imposent au nègre aucun de ces besoins, qu'il ne puisse satisfaire sans un travail régulier. Dans deux heures, sans aucun secours, il se construira un logement, et plantera un bananier à chaque coin, qui lui assurera sa subsistance. Quant aux vêtemens, il n'en a pas besoin ; des impositions, il n'en a point à payer ; sa femme et ses enfans vivent avec lui, et il n'a pas de métier à leur faire apprendre. Par quel motif déterminerait-on donc le nègre au travail ? Par l'ambition ? Il n'en existe pas, et il n'en peut pas exister parmi cette caste d'hommes. Par l'appas de l'argent ? il n'en a pas besoin. La paresse est pour lui le souverain bonheur, rien ne peut équivaloir à cette jouissance.

Il n'en est point des Colonies comme de l'Europe. En France, l'homme de travail vient au-devant de vous, il vous prie, il vous sollicite de l'occuper, parce qu'il faut qu'il se nourrisse. Si vous l'occupez tous les jours, il vous regarde comme son bienfaiteur et son père. On trouve plus d'ouvriers qu'on ne peut en occuper, et quand la saison ne permet pas le travail, la misère pèse alors sur cette classe d'hommes. Dans les Colonies ces besoins n'existent pas. Ils n'appellent donc point l'homme au travail. Aussi, ne peut-il pas y être déterminé par ce motif. Et l'on peut assurer que ceux-là ont dit ce qu'on appelle en anglais un *non sens*, qui ont prétendu qu'en supprimant l'esclavage dans les Colonies on y verrait naître l'industrie et les arts. Pour avancer une pareil extravagance, il faut n'avoir aucune espèce d'idée des matières dont il est ici question.

C'est une chose démontrée que sans esclavage il ne peut y avoir un travail régulier; que sans travail régulier il n'y a point d'exploitation coloniale, que sans exploitation il n'y a point de commerce, que sans commerce il n'y a point de marine, que sans marine la France perd tous ses avantages continentaux. La chaîne non interrompue de tous ces objets est donc nécessaire à la métropole. Il est donc de son intérêt de les maintenir.

Je crois avoir prouvé d'ailleurs que l'intérêt personnel du nègre exige le maintien de l'esclavage. L'intérêt public et particulier sont donc d'accord. Il n'y a donc aucune raison qui sollicite l'abolition de la servitude coloniale; et il n'y a qu'un gouvernement mal intentionné, ou peu instruit, qui puisse songer à l'opérer.

Depuis que ce Mémoire a été composé il s'est élevé des difficultés d'un nouveau genre, et l'existence des Colonies est menacée, par l'abolition de la traite des nègres, d'un danger plus imminent que jamais. L'Angleterre poursuit avec chaleur l'exécution générale de cette mesure, parce qu'elle est aussi favorable à ses intérets qu'elle est désastreuse pour ceux de la France; et qu'il est naturel dès-lors qu'elle sollicite de toutes les puissances la cessation d'un commerce qui lui assure à jamais la suprématie des mers, et doit mettre toutes les nations Européennes dans son entière dépendance.

L'Angleterre a depuis long-temps tourné toutes ses vues du côté de l'Inde; c'est dans ces contrées éloignées et fertiles, qu'est établie la base de sa puissance; elle règne en souveraine dans la Peninsule de l'Asie, dans toutes les îles qui l'environnent, et les immenses ressources de ces riches pays sont devenues son patrimoine. Une administration cachée, un gouvernement dont les ressorts sont inconnus même à la plupart de ceux qui les font agir, une marche politique toujours mystérieuse et voilée, assurent à la compagnie des Indes, de Londres, je ne dis point seulement la souveraineté, mais la propriété même de tous les produits naturels et industriels du plus riche continent du monde; et c'est vers le plus grand développement de ses vastes moyens, que sont dirigées toutes les démarches du gouvernement anglais.

Il est du plus grand intérêt de l'Angleterre d'accélérer la destruction des Colonies des Antilles, et elle ne peut prendre un moyen plus sûr que l'abolition de la traite des nègres. Si malheureusement le gouvernement français se prête à l'exécution d'une mesure aussi désastreuse pour l'Europe continentale, les propriétés coloniales pourront languir encore huit ou dix ans; mais après ce terme, la culture, faute de bras, y doit être nécessairement abandonnée. Dès-lors le café, le sucre, le cacao, l'indigo, qui se consomment dans le monde entier, rentreront, comme les épices, dans le domaine patrimonial de l'Angleterre, avec la différence, que le profit qui en résultera pour elle sera beaucoup plus considérable. En effet, l'abondance de ces productions est si grande dans l'Inde, la manutention y est à si bas prix, que le commerce anglais pourrait aujourd'hui même, avec un grand profit, donner en Europe, malgré l'immensité du trajet, le sucre à six sous la livre; prix que la grande quantité des consommateurs lui permettra, à cette époque, d'élever à trente; en sorte qu'il est indubitable que cette mesure désastreuse ferait passer en Angleterre tout le numéraire de l'Europe continentale; car le commerce d'exportation ne pourrait alors, quelque moyen qu'on employat, entrer en balance avec celui d'importation.

La France privée de ses Colonies, ce qui serait une suite nécessaire de l'abolition de la traite, n'aurait plus de commerce maritime; dépourvue de marine marchande, elle ne pourrait avoir de marine militaire; et sans marine la France sera toujours dans la dépendance de l'Angleterre. Si l'Angleterre a un si grand désir de réaliser les idées philantropiques de M. Wilberforce, elle a pour cela un moyen bien facile: c'est de céder à la France, dans la Péninsule de l'Inde, une étendue de territoire, équivalente à celui des Antilles françaises, de manière que le gouvernement français puisse d'abord utilement dédommager les propriétaires des Antilles et leurs créanciers, et ensuite avoir un commerce maritime qui lui donne la possibilité d'entretenir autant de bâtimens qu'en exige le commerce des Antilles.

L'Angleterre, je le crois du moins, n'aurait aucune apposition à donner à la France un dédommagement pécuniaire; mais cette proposition ne peut être faite qu'à un gouvernement dilapidateur qui vit au jour le jour. Buonaparte aurait pu l'accepter; mais un souverain qui administre ses états en père de famille, ne peut prêter l'oreille à des propositions aussi destructives de la prospérité publique, de la sûreté de l'État et de son indépendance politique. Quelle somme d'argent, quelle étendue de territoire Européen pourrait dédommager la France de l'emploi de six millions d'individus qu'occupe le commerce des Colonies, du débouché de ses richesses naturelles et industrielles, et de tous les avantages de vastes relations commerciales?

L'Angleterre qui professe avec raison, dans toutes les occasions importantes, ce sage principe de politique, que le salut du peuple est la loi suprême, renoncerait-elle à la traite des nègres, si elle n'avait d'autres Colonies que celles des Antilles? Il est beau sans doute d'être généreux et humain, d'étaller les principes d'une philosophie philantropique, quand on fait à ces sentimens de grands sacrifices d'intérêt et de puissance; mais cette générosité perd beaucoup de son prix, quand elle ne tend qu'à accroître la richesse particulière et nationale, qu'elle augmente la puissance de son pays, et que les grands sacrifices qui en résultent portent sur une nation étrangère et rivale (1).

Que dirait le peuple anglais si la France, guidée par les mêmes sentimens que ceux que paraît professer M. Wilberforce, s'immisçait dans les intérêts des Indiens, demandait qu'on rendit aux souverains de ce pays l'indépendance dont les armes anglaises les ont privés, exigeait que le gouvernement britannique rendit aux naturels de ces contrées, jadis si heureux, la libre disposition de leurs propriétés, la faculté de commercer avec toutes les puissances du monde; si elle sollicitait en faveur de cette immense population, la destruction de cette compagnie souveraine, dont la domination est bien autrement tyrannique que celle qui est exercée sur les esclaves dans les Colonies des Antilles? L'orgueil du peuple Anglais se révolterait avec raison, et repousserait des propositions qui attaqueraient l'indépendance nationale. La France serait-elle donc moins jalouse de cette prérogative? Le meilleur et le plus juste des monarques, en reprenant les rênes du gouvernement, a renoncé sans regret à la folle ambition de dominer tous les cabinets de l'Europe; mais

(1) C'est comme si l'Angleterre disait aux puissances continentales : hâtez-vous de détruire vos Colonies, de manière à ce qu'il ne reste plus que les Indes dont je suis totalement maître ; et alors, comme vous serez sans commerce maritime, sans marine marchande, par conséquent sans marine militaire, puisque vous n'aurez pas de matelots, vous serez dans ma dépendance absolue, pour toutes les denrées coloniales et vous porterez dans le marché de Londres tout l'or du continent, qui me rendra maîtresse de toute l'Europe.

il y a loin de cet acte de modération et de justice, à une condescendance dont les suites seraient si désastreuses pour la patrie, et qui, en compromettant la fortune, la gloire et la sûreté de l'Etat, tomberait sur les individus qui ont le plus souffert des malheurs de la révolution, les commerçans et les Colons. Espérons donc que Sa Majesté maintiendra, dans cette occasion, l'indépendance de la couronne, l'intérêt et la dignité de la nation, et qu'elle ne cédera point à des suggestions, dont le danger ne sera bien connu que lorsqu'il ne sera plus temps d'y remédier.

FIN.

DE L'IMPRIMERIE DE LEFEBVRE, RUE DE BOURBON, N°. 11, F. S.-G.

www.ingramcontent.com/pod-product-compliance
Lightning Source LLC
LaVergne TN
LVHW010057230826
846091LV00005B/1969
* 9 7 8 2 0 1 2 9 9 3 4 9 5 *